BEI GRIN MACHT SICH IHR WISSEN BEZAHLT

Bibliografische Information der Deutschen Nationalbibliothek:

Die Deutsche Bibliothek verzeichnet diese Publikation in der Deutschen National-
bibliografie; detaillierte bibliografische Daten sind im Internet über http://dnb.d-
nb.de/ abrufbar.

Impressum:

Copyright © 2018 GRIN Verlag
Druck und Bindung: Books on Demand GmbH, Norderstedt Germany
ISBN: 9783346080509

Dieses Buch bei GRIN:

https://www.grin.com/document/506938

Maximilian Robl

Bermuda, Cayman Islands, Panama und Co. Die Attraktivität von Steueroasen und mögliche Gegenmaßnahmen

GRIN Verlag

GRIN - Your knowledge has value

Der GRIN Verlag publiziert seit 1998 wissenschaftliche Arbeiten von Studenten, Hochschullehrern und anderen Akademikern als eBook und gedrucktes Buch. Die Verlagswebsite www.grin.com ist die ideale Plattform zur Veröffentlichung von Hausarbeiten, Abschlussarbeiten, wissenschaftlichen Aufsätzen, Dissertationen und Fachbüchern.

Besuchen Sie uns im Internet:

http://www.grin.com/

http://www.facebook.com/grincom

http://www.twitter.com/grin_com

Wissenschaftliche Studienarbeit

im Fach

Steuern und Steuerwettbewerb im internationalen Kontext

Fakultät Angewandte Wirtschaftswissenschaften

Thema

Bermuda, Cayman Islands und Panama – Was macht diese Standorte steuerlich so attraktiv?
Welche volkswirtschaftlichen Schäden entstehen in diesem Zusammenhang den westlichen
Staaten? Wie bekämpfen sie das Geschäftsmodell der Oasen?

Studiengang: Angewandte Volkswirtschaftslehre
Wintersemester 2017/2018 / VWL-7
Studierender: Maximilian Robl

Inhaltsverzeichnis

1.Einleitung

In den Medien ist der Begriff der Steueroase allgegenwärtig. Große Aufmerksamkeit erlangte der Begriff erst kürzlich durch Enthüllungen vertraulicher Unterlagen wie die der „Panama Papers".

Zur Erklärung:

Dank eines Datenlecks wurden über einen Whistleblower[1] bereits Ende 2015 eine beachtliche Anzahl geheimer Dokumente des Off-Shore Dienstleisters „Mossack Fonseca" aus Panama an deutsche Journalisten übergeben. Laut Experten enthielten diese Dokumente vor allem Methoden zur Steuervermeidung, aber auch schwerwiegendere Delikte wie der Geldwäsche und Steuerhinterziehung, Verstöße gegen UN-Vorschriften, sowie Straftaten durch Klienten des Dienstleisters.[2]

Doch Panama ist nur ein Standort von vielen, um dem hiesigen Fiskus zu entgehen. Unter den bekanntesten Orten fallen Namen wie Monaco, Zypern oder die Cayman Islands. Auch Länder wie die Schweiz und Lichtenstein waren bis vor kurzem vor allem für Prominente aus Deutschland und angrenzenden EU-Ländern steuerlich beliebte Zufluchtsorte. Der ehemalige deutsche Fußballspieler und FC-Bayern Präsident Uli Hoeneß wurde beispielsweise 2014 wegen Steuerhinterziehung von annähernd 28 Millionen Euro zu einer Haftstrafe von fast vier Jahren verurteilt. Hoeneß versteckte sein Geld damals auf Schweizer Bankkonten.[3]

Was man generell unter einer Steueroase versteht, welche volkswirtschaftlichen Schäden diese anrichten können und ob es Maßnahmen zur Bekämpfung gibt, soll im Folgenden durch diese Studienarbeit erläutert werden.

---

[1] Eine Person, welche für die Allgemeinheit wichtige Informationen aus einem geschützten oder geheimen Zusammenhang an die Öffentlichkeit bringt.
[2] Vgl. Wikipedia – Mossack Fonseca

2.Hauptteil

2.1 Begriff und Charakterisierung einer Steueroase

Der Begriff einer Steueroase leitet sich vom Englischen „tax haven" ab und bezeichnet Gebiete und Staaten, welche sich durch besonders niedrige oder gar keine Steuern auf Vermögen und Einkommen auszeichnen. Vor allem Unternehmen fühlen sich dadurch angezogen und verlegen ihren Hauptstandort dorthin, um etwaigen Steuerzahlungen an deren ursprüngliche Länder gezielt zu entgehen. Doch auch für Privatpersonen ist ein solcher Standort mit einer gewissen Attraktivität verbunden. Für illegale Machenschaften wie Steuerhinterziehung, Geldwäsche und Steuervermeidung gelten Steueroasen aufgrund ihrer hohen Verschwiegenheit bezüglich dem Kapital als anziehend.[4]

Typische Charakteristika eines Steuerparadieses sind politische Stabilität und Rechtssicherheit, welche als Garantie für eine sichere Kapitalanlage gelten. Orte, welche als Steueroase gelten, sind meist kleine Länder mit niedriger Wirtschaftsaktivität und kaum regulierter Wirtschaftspolitik. Im Gegensatz dazu zeichnen diese sich jedoch durch ein hohes vorhandenes Kapital und stetige finanzielle Transaktionen aus. Oftmals handelt es sich hierbei um frühere britische Kolonien, wie den Cayman Islands oder Gibraltar, aber auch um Länder wie Panama oder EU-Länder wie die Schweiz und Liechtenstein.[5]

2.2 Was macht diese Standorte steuerlich so attraktiv?

2.2.1 Wohnsitzverlagerung ins Ausland

Für Privatpersonen ist es steuerlich attraktiv, ihren Wohnsitz in ein Land mit Steuervorteilen zu verlegen. Dies ist vor allem für Großverdiener interessant, denn im Gegensatz zum Spitzensteuersatz von 42% in Deutschland liegt dieser in anderen Ländern deutlich niedriger. In Frankreich liegt der Höchststeuersatz beispielsweise bei 25%. Frankreich ist zwar keine

---

[3] Vgl. Wikipedia – Uli Hoeneß
[4] Vgl. Wikipedia – Steueroase

Steueroase im direkten Sinn, bietet aber bezüglich der Einkommenssteuer bereits Vorteile. So verwundert es nicht, dass vor allem vermögende Prominente ihren Wohnsitz in ein anderes Land verlegt haben, viele davon ins Fürstentum Monaco, welches gar keine Steuern auf Einkommen und Vermögen erhebt.[6] Das ist jedoch an einige Kriterien gebunden. Im Folgenden wird der Wohnortwechsel am Beispiel von Deutschland nach Monaco erklärt. In anderen Ländern kann sich die Vorgehensweise unterscheiden.

Um der Einkommenssteuer in Deutschland zu entgehen, darf kein fester Wohnsitz im Land vorhanden sein. Demnach müssen alle Immobilienangelegenheiten gekündigt bzw. verkauft werden. Denn ein fester Wohnsitz oder der Besitz von Immobilien bedeutet, dass auch die volle Einkommenssteuer fällig ist. Es darf zudem kein längerfristiges Arbeitsverhältnis in Deutschland bestehen, denn auch dann ist die volle Einkommenssteuer fällig.

In diesem Zusammenhang fällt auch der Begriff des „gewöhnlichen Aufenthalts". Darunter versteht man das Verbleiben an einem Ort für mehr als 6 Monate. Ist dies der Fall, besteht Steuerpflicht. Um den vollen Steuervorteil zu erhalten, gilt es sich an die 183-Tage Regelung zu halten. Diese besagt, dass keine Einkommenssteuer zu entrichten ist, solange der Aufenthalt in Deutschland unter 183 Tagen liegt.[7]

Hält man sich an genannte Kriterien und ist Eigentümer oder Mieter einer Wohnung im Fürstentum, so ist eine Wohnsitzverlagerung aus Steuergründen durchaus möglich.[8] Eine Steueroase im direkten Sinn ist Monaco jedoch nur bedingt, da es für Unternehmen fast keine Vorteile mit sich bringt und mehr für die private Vermögensverwaltung interessant ist.

2.2.2 Steuervermeidung durch Briefkastenfirmen

Für Privatpersonen und Unternehmen bieten Steueroasen die Möglichkeit, das in Ländern mit hohem Steuersatz erzielte Einkommen nicht versteuern zu müssen, sondern die

---

[5] Vgl. Lexas - Steueroase

[6] Vgl. Focus – Wie viel Steuern Monegassen zahlen müssen – Seite 2

[7] Vgl. Gevestor – Wohnsitz: Volle Steuerpflicht auch bei gewöhnlichem Aufenthalt

[8] Vgl. Focus – Wie viel Steuern Monegassen zahlen müssen – Seite 4

steuerlichen Vorteile besagter Standorte zu nutzen. Eine beliebte Möglichkeit um Steuern zu sparen bildet hierbei die Gründung einer Briefkastenfirma.

Bei einer Briefkastenfirma oder Briefkastengesellschaft handelt es sich im Grunde um eine Gesellschaft, welche in einem Land mit Steuervorteilen formal als Unternehmen im Firmenregister geführt wird und somit auch rechtlich besteht. Tatsächlich zeichnen diese sich aber durch eine niedrige oder gar keine Wirtschaftsaktivität aus. Der Geschäftsbetrieb wird dabei nur vorgetäuscht.[9]

Doch nicht nur der Geschäftsbetrieb ist Schein. Bei den Vorsitzenden besagter Briefkastenfirmen handelt es sich um Personen, welche die Firma nur formell vertreten, mit den Geschäftsaktivitäten des Unternehmens aber nur durch deren Namen und Unterschrift verbunden sind, sogenannte „Treuhänder". Meist wird dieses Amt von Juristen übernommen, die sich um die Führung und Gründung der Firmen kümmern. Grundsätzlich kann jedoch eine beliebige Person dieses Amt übernehmen.[10] Durch eine Briefkastengesellschaft werden nur die tatsächlichen Absichten eines Auftragsgebers verfolgt, welcher sich öffentlich bedeckt hält.[11]

Die Methoden zur Nutzung einer solchen Firma sind vielfältig. Generell können durch die Gründung einer Briefkastenfirma auch legale Absichten verfolgt werden, denn: eine Briefkastenfirma ist vorerst nicht illegal. So erschließen Unternehmer dadurch anonym neue Branchen, ohne dass die Konkurrenz darüber informiert ist. Auch das Vermeiden von hohen Steuerzahlungen im Heimatland, durch einen vergleichsweise geringen Steuersatz in einem anderen Land, ist legal, wenn auch nicht vorschriftsgemäß. Hier spricht man vom Begriff der Steuervermeidung.[12]

Laut Experten verfolgt der Großteil der Briefkastenfirmen jedoch andere, illegale Absichten. Oftmals leisten diese Firmen dem Auftraggeber Beihilfe zur Steuerhinterziehung oder arbeiten mit Geldern aus illegalen Quellen. Die Vorteile für den Kunden sind offensichtlich,

---

[9] Vgl. Wikipedia - Briefkastengesellschaften
[10] Vgl. Spiegel - Panama Papers: Was ist eigentlich eine Briefkastenfirma?
[11] Vgl. Wikipedia - Briefkastengesellschaften
[12] Vgl. Bundesanzeiger – Briefkastenfirmen: Was ist legal und was nicht?

denn eine Briefkastenfirma bietet dem Auftraggeber höchste Anonymität, er wird in keinem Dokument namentlich erwähnt, liefert jedoch das Kapital. [13] Die dadurch versteckten Gelder stammen nicht selten aus korrupten Geschäften, wie dem Handel mit Drogen und Waffen.

Um die Herkunft der Gelder noch weiter zu verschleiern, gründen Briefkastenfirmen häufig ein Geflecht aus Schein-Stiftungen. Diese verwalten dann das Geld, das am Fiskus vorbeigeschleust werden soll. Somit wird es für die Finanzämter noch schwieriger, die Vermögensverschleierung aufzudecken.

2.2.2.1 Steuervermeidung am Beispiel der Panama Papers

Große Aufmerksamkeit erregte 2016 die Enthüllung der sogenannten „Paradise Papers". Dabei wurden wiederum vertrauliche Unterlagen von Klienten des Treuhänders Asiaciti Trust und der Anwaltskanzlei Appleby veröffentlicht. Als Hauptsitz der Kanzlei dient die Stadt Douglas auf der Isle of Man. Appleby gilt als die größte Off-Shore Anwaltskanzlei der Welt, unter anderem mit Niederlassungen auf den Britischen Jungferninseln, Bermuda oder auch den Cayman Islands. [14] Die Firma wirbt damit, das Geschäft mit den Briefkastenfirmen absolut sauber und professionell zu führen.

Die Dokumente offenbaren, dass vor allem führende Unternehmen wie Google, Apple oder Facebook ihre Steuersätze durch Briefkastenfirmen auf vergleichsweise absurd geringe Steuersätze reduzierten. Jährlich werden laut Recherche des französischen Ökonomen Gabriel Zucman dadurch über 600 Milliarden Euro von Großunternehmen über Steueroasen versetzt. [15]

Auf politischer Ebene fielen zudem auch Namen wie der des ehemaligen deutschen Bundeskanzlers Gerhard Schröder, der britischen Königin Queen Elizabeth oder der des amerikanischen Präsidenten Donald Trump. Donald Trump geriet in letzter Zeit besonders

---

[13] Vgl Focus – 5 Schritte zum Steuerparadies
[14] Vgl. Wikipedia – Appleby Global Group Services
[15] Vgl. Süddeutsche Zeitung – Paradise Papers: Das ist das Leak

wegen seiner Pläne zum Steuerdumping in den Vereinigten Staaten in Kritik.[16] Die USA unter Trump sehen derzeit vor, die Firmensteuer für Unternehmen von 35 Prozent auf 20 Prozent zu senken.[17]

2.3 Volkswirtschaftliche Schäden für westliche Staaten

2.3.1 Steuerverluste durch Steueroasen

Durch die hohe Diskretion und Anonymität in Steueroasen lässt sich die Höhe der volkswirtschaftlichen Schäden für andere Staaten nur schwer belegen. Eine Studie des Tax Justice Network zeigt jedoch, dass sich in den über 80 weltweiten Steueroasen ausländische Vermögen zwischen 25 bis 38 Billionen Euro befinden dürften. Es gilt zu beachten, dass dies nur eine ungefähre Schätzung ist, der tatsächliche Wert kann weitaus höher sein.

Eine Studie der Boston Consulting Group geht von nur 7 Billionen Euro aus, mit einer jährlichen Rendite von 7%. Die Studie zeigt, dass das Kapitaleinkommen durch diese Vermögen pro Jahr zwischen 420 bis 2660 Milliarden Euro liegt. Geht man von einer Grenzbesteuerung von 50% aus, so sind es Steuerzahlungen zwischen 210 und 1330 Milliarden Euro welche vermieden werden und den Ländern entgehen. Dies führt im Falle von Deutschland zu entgangenen Einnahmen von 10% bis 60% der realen Einkommenssteuer.[18]

Eine Studie der OECD[19] aus dem Jahr 2015 legt offen, dass den Staaten weltweit zwischen 86 und 207 Milliarden Dollar allein an Unternehmenssteuern entgehen. Die Diskrepanz zwischen beiden Werten ist deswegen so hoch, da, wie in den bereits erwähnten Studien, wiederum nur Schätzungen gemacht werden können. Demnach mangelt es an Informationen über die wirklich gezahlten Unternehmenssteuern.[20]

---

[16] Vgl. Süddeutsche Zeitung – Trumps Steuerpläne zwingen Deutschland zum Handeln
[17] Vgl. Kurier – US-Reform: Nächste Runde im Steuerdumping
[18] Vgl. Wirtschaftsdienst – Zeitgespräch: Steuerflucht und Steueroasen
[19] Organisation für wirtschaftliche Zusammenarbeit und Entwicklung

[20] Vgl. Tagesschau – wie viel verliert der Staat durch Steuertricks?

Nach dem französischen Ökonomen Gabriel Zucman kann man jedoch auf durchaus verlässliche Werte zurückgreifen. Der Professor der US-Universität Berkeley geht von einem Verlust an Unternehmenssteuern in Höhe von 60 Milliarden Euro für die EU aus, ein Drittel davon im wirtschaftlich starken Deutschland. Mit Hilfe von Kollegen gelang es Zucman, aus den wenigen vorhandenen Bausteinen die zur Verfügung stehen, Vorgehensweisen der Unternehmen zu erkennen, um deren Steuerzahlungen zu verringern. Die Wissenschaftler kamen zu dem Schluss, dass jährlich weltweit mehr als 600 Milliarden Euro von Großkonzernen in Länder mit Steuervorteilen verlegt werden.

Share of tax havens in the profits made by US multinationals abroad

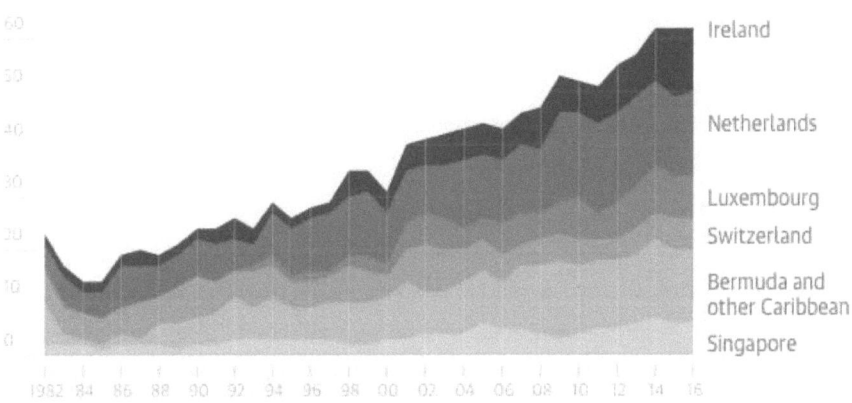

Grafik: Gabriel Zucman, University of Berkley, California

Zucman zeigt deutlich am Beispiel von US-Unternehmen, dass diese über die Jahre vermehrt auf Niedrigsteuerländer in der EU zurückgreifen, um Steuerzahlungen zu entgehen oder diese zu vermindern. Demnach wurden 2016 63% aller ausländischen Profite von US-Firmen in Steueroasen gelagert. Anfang 1980 lag der Anteil noch bei ungefähr 23%.

Ein berühmtes Beispiel hierfür ist Google Alphabet, ihrerseits Muttergesellschaft von Google. Im Jahre 2003, weniger als einem Jahr vor dem geplanten Börsengang Googles, überschrieb Google US deren Such-und Werbetechnologien an „Google Holdings", einer Tochtergesellschaft, eingetragen in Irland, welche aus steuerlichen Gründen auf den Bermudas ansässig ist. Seitdem enden alle dadurch erwirtschafteten Vermögen uneingeschränkt auf den Bermudas, zu einem Körperschaftssteuersatz von 0%.[21]

Durch Steuervermeidung multinationaler Konzerne entgehen allein den Entwicklungsländern geschätzt ca. 100 Milliarden Euro pro Jahr.

2.3.2 Schäden für die Allgemeinheit

Natürlich kommt es zu weitaus mehr Auswirkungen, als die bis jetzt dargestellten Effekte auf staatlicher Ebene. Der Verlust von Steuern auf Kapitaleinkommen führt beispielsweise dann zu einem Anstieg der Lohnsteuer. Das hat für die Bevölkerung zur Folge, dass die Arbeit in den Ländern teurer wird, da die Löhne steigen. Analog dazu sinkt der Nettolohn, was wiederum negative Effekte auf die Einkommens-und Vermögensverteilung in einem Land mit sich bringt. [22]

Um es vereinfacht auszudrücken: Offshore-Geschäfte bergen nur Vorteile für die eigentlichen Nutzer. Sie machen die Reichen noch reicher, die ärmere Gesellschaft leidet jedoch darunter. Selbst die Demokratie wird dadurch gefährdet. Denn zum einen wird der politische Gestaltungsspielraum über die Ausgabenpolitik dadurch behindert, zum anderen nimmt die Macht von Vermögenden stetig zu. Dies lässt sich sehr stark in Ländern beobachten, deren politische Situation unstabil ist.[23]

---

[21] Vgl. The Guardian – The desperate inequality behind global tax dodging

[22] Vgl. Wirtschaftsdienst – Zeitgespräch: Steuerflucht und Steueroasen

[23] Vgl. Dr. Silke Ötsch – Steueroasen, Steuerflucht und Steuervermeidung

Im weiteren Verlauf wird nun auf mögliche Maßnahmen zur Bekämpfung des Geschäftsmodells von Steueroasen eingegangen.

2.4 Maßnahmen zur Bekämpfung von Steueroasen

Von staatlicher Seite gibt es bereits mehrere Initiativen zur Bekämpfung der Steuerflucht. So verabschiedete man 2005 die „Europäische Richtlinie zur Zinsbesteuerung". Dabei handelt es sich um automatisierte Kontrollmitteilungen, welche Auskunft über Zinserträge von EU-Ausländern geben. Länder wie die Schweiz oder Lichtenstein sprachen sich zwar gegen eine Teilnahme an diesem Programm aus, einigten sich jedoch auf eine separate EU-Quellensteuer, der sogenannten „EU-Zinssteuer", auf Erträge, welche der Zinsrichtlinie entsprechen. Konto-oder Depotinhaber bleiben jedoch wiederum anonym. Als problematisch gilt auch die Tatsache, dass Zinserträge oder Konten, die vor dem Start der Richtlinie zuflossen bzw. bestanden, nicht mehr aufgespürt werden können.[24]

Die deutsche Bundesregierung erließ zudem das Strafbefreiungserklärungsgesetz, welches besagt, dass Steuerflüchtlingen bei einer Rückkehr nach Deutschland Straffreiheit zugesichert wird. Das Gesetz trat am 30. Dezember 2003 in Kraft und erlaubt den Behörden die Abfrage von Kontenstammdaten des Bankklienten.[25]

Durch gemeinsame Kooperation von französischer- und deutscher Regierung wurde 2008 die „OECD-List of Uncooperative Tax Havens" erweitert. EU-weit führte das Gesetz zu einer Lockerung des Bankengeheimnis und zu mehr Transparenz.[26]

Bereits 2016 plante die EU-Kommission, eine Schwarze Liste zu erstellen, welche alle Steueroasen weltweit beinhaltet. Vorher wurden diese Listen von den EU-Staaten jeweils separat geführt.[27] Am 5. Dezember 2017 sprachen sich die EU-Finanzminister für eine

---

[24] Vgl. Steuernetz – EU-Zinssteuer und grenzüberschreitende Kontrollmitteilungen
[25] Vgl. Wikipedia – Gesetz zur Förderung der Steuerehrlichkeit
[26] Vgl. Wikipedia - Steueroasen
[27] Vgl. Trend – EU will neue schwarze Liste von Steueroasen

schwarze Liste aus, welche insgesamt 17 Staaten und Länder enthält. Ziel ist es, diese Länder zu höherem Datenaustausch und Steuertransparenz zu bewegen.[28]

Die EU plant zudem ein Maßnahmenpaket zur Verhinderung der Steuerflucht. Dieses soll unter anderem verhindern, dass durch Steuerzahlungen an Tochterfirmen in Ländern mit Steuervorteilen die steuerpflichtigen Gewinne verringert werden. Zudem soll es für Firmen schwieriger werden, deren Standort in ein Land mit niedrigen Steuersätzen zu verschieben. Im Fall der Fälle soll dann eine „Exit-Steuer" greifen. Zudem will man Steuerbefreiungen für im Ausland erwirtschaftete Erträge abschaffen.[29]

Laut den Wirtschaftswissenschaftlern Joseph Stiglitz und Mark Pieth sollten die EU und die USA Steueroasen vom weltweiten Finanz- und Wirtschaftssystem ausschließen, da diese Kriminalität, Geldwäsche und Korruption begünstigen.[30]

Da jedoch führende Politiker und multinationale Konzerne Nutzer besagter Steueroasen sind, dürfte es politisch schwer durchführbar sein, diese in gewünschtem Ausmaß zu bekämpfen.

3. Fazit

Die steuerlichen Vorteile durch Steueroasen sind für Privatpersonen und Unternehmen mit Sicherheit sehr attraktiv und erklären die hohe Nutzung dieser Standorte. Da dies generell nicht verboten ist, sollte zwischen legalen und illegalen Vorhaben immer strikt differenziert werden, um keine Verwirrung zu verbreiten.

Die aktuellen Fälle der Panama-Papers und die der Paradise-Papers zeigen jedoch, dass vor allem global agierende Konzerne, welche jährlich Erträge im Millionen bis Milliardenbereich

---

[28] Vgl. Zeit – EU setzt 17 Staaten auf schwarze Liste
[29] Vgl. Der Standard – Schweiz unter den schlimmsten Steueroasen
[30] Vgl. Neue Zürcher Zeitung – Stigilitz und Pieth fordern Isolierung von Steueroasen

erwirtschaften, diese Steueroasen nutzen, um deren Steuerzahlungen zu senken. Das ist mit Sicherheit moralisch fragwürdig und wird zu Recht kritisiert.

Besonders beängstigend ist es jedoch, wenn diese Standorte für illegale Absichten genutzt werden. Kriminelle Machenschaften wie Steuerhinterziehung, Geldwäsche oder Korruption, aber auch der Waffen-und Drogenschmuggel werden dadurch stark gefördert.

Wie bereits angeführt, profitieren jedoch nur die obersten zehn Prozent der Weltbevölkerung von der Nutzung dieser Standorte, der Rest geht leer aus.

Von einer Bekämpfung der Steueroasen würden die Unter-und Mittelschicht in den westlichen Ländern, sowie vor allem Entwicklungsländer profitieren. Mit dem fehlenden Geld könnten Steuern gesenkt werden oder man könnte dieses Geld reinvestieren, um beispielsweise die Infrastruktur in einem Land auszubauen.

Dass dies leichter gesagt, als getan ist, zeigen besonders die wenigen Möglichkeiten des Staates zur Bekämpfung des Geschäftsmodells. Geschuldet ist dies zum einen dem Lobbyismus und der oft vorherrschenden politischen Korruption. Zum wird es durch die hohe Anonymität schwierig, ein korrektes Urteil zu fällen.

Es wird mit Sicherheit spannend, wie dieses Thema politisch in Zukunft gehandhabt wird. Meiner Meinung nach ist die Bekämpfung des Geschäftsmodells von Steueroasen ein schwieriges Unterfangen, da die Methoden zur Bekämpfung dieser bis dato nicht den gewünschten eliminierenden Effekt erzielen, welcher für dieses Vorhaben dringend notwendig wäre.

Quellenverzeichnis

- Wikipedia: Mossack Fonseca

  https://de.wikipedia.org/wiki/Mossack_Fonseca

- Wikipedia: Uli Hoeneß

  https://de.wikipedia.org/wiki/Uli_Hoeneß

- Wikipedia: Steueroase

  https://de.wikipedia.org/wiki/Steueroase

- Lexas: Steueroase

  https://www.lexas.de/glossar/steuerparadies.aspx

- Focus: Wie viel Steuern Monegassen zahlen müssen

  http://www.focus.de/finanzen/steuern/tid-22776/steuerparadies-monaco-wie-viel-steuern-monegassen-zahlen-muessen_aid_640857.html

- Wikipedia: Briefkastengesellschaften

  https://de.wikipedia.org/wiki/Briefkastengesellschaft

- Gevestor

  https://www.gevestor.de/details/wohnsitz-volle-steuerpflicht-auch-bei-gewohnlichem-aufenthalt-640945.html

- Spiegel – Panama Papers: Was ist eigentlich eine Briefkastenfirma?

  http://www.spiegel.de/wirtschaft/panama-papers-was-ist-eigentlich-eine-briefkastenfirma-a-1085400.html

- Bundesanzeiger – Briefkastenfirmen: Was ist legal und was nicht?

  https://www.bundesanzeiger-verlag.de/betrifft-unternehmen/newssingle/artikel/briefkastenfirmen-was-ist-legal-und-was-nicht-18606.html

- Focus – 5 Schritte zum Steuerparadies

  http://www.focus.de/finanzen/steuern/fuenf-schritte-zum-steuerparadies-so-funktioniert-das-schmutzige-geschaeft-mit-den-briefkastenfirmen_id_5404424.html

- Wikipedia – Appleby Global Group Services

  https://de.wikipedia.org/wiki/Appleby_Global_Group_Services

- Süddeutsche Zeitung – Paradise Papers: Das ist das Leak

  https://projekte.sueddeutsche.de/paradisepapers/politik/das-ist-das-leak-e229478/

- Kontofinder – Briefkastenfirmen: Wie sie funktionieren

  https://www.kontofinder.de/blog/briefkastenfirmen-so-funktionieren-sie

- Süddeutsche Zeitung – Trumps Steuerpläne zwingen Deutschland zum Handeln

  http://www.sueddeutsche.de/wirtschaft/donald-trump-trumps-steuerplaene-zwingen-deutschland-zum-handeln-1.3778897

- Kurier – US-Reform: Nächste Runde im Steuerdumping

  https://kurier.at/wirtschaft/us-reform-naechste-runde-im-steuerdumping/300.612.800

- Wirtschaftsdienst – Zeitgespräch: Steuerflucht und Steueroasen

  https://archiv.wirtschaftsdienst.eu/jahr/2013/6/steuerflucht-und-steueroasen/

- Tagesschau – Wie viel verliert der Staat durch Steuertricks?

  https://www.tagesschau.de/wirtschaft/steuerschaeden-paradise-papers-101.html

- The Guardian – The desperate inequality behind global tax dodging
  (Eigene Übersetzung aus dem Englischen)

  https://www.theguardian.com/commentisfree/2017/nov/08/tax-havens-dodging-theft-multinationals-avoiding-tax

- Dr. Silke Ötsch – Steueroasen, Steuerflucht und Steuervermeidung

  http://silke-oetsch.net/wp-content/uploads/2016/12/2016_F_Steueroasen-f-v_S.Oetsch_Wien.pdf

- Steuernetz – EU-Zinssteuer und grenzüberschreitende Kontrollmitteilungen

  http://www.steuernetz.de/aav_steuernetz/lexikon/K-25125.xhtml?currentModule=home#

- Wikipedia – Gesetz zur Förderung der Steuerehrlichkeit

  https://de.wikipedia.org/wiki/Gesetz_zur_Förderung_der_Steuerehrlichkeit

- Trend – EU will neue schwarze Liste von Steueroasen

  https://www.trend.at/wirtschaft/eu-kommission-liste-6209547

- Zeit – EU setzt 17 Staaten auf schwarze Liste

  http://www.zeit.de/wirtschaft/2017-12/steueroasen-schwarze-liste-eu-steuerflucht

- Der Standard – EU unter den schlimmsten Steueroasen

  http://derstandard.at/2000049175068/Schweiz-unter-den-schlimmsten-Steueroasen

- Neue Zürcher Zeitung – Stigilitz und Pieth fordern Isolierung von Steueroasen

  https://www.nzz.ch/wirtschaft/kampf-gegen-steuerflucht-korruption-und-geldwaesche-quarantaene-fuer-steueroasen-ld.128403